¿Qué ves en el cielo?

Laura Young

Traducción al español: José María Obregón

Rosen Classroom Books & Materials
New York

¿Qué ves en el cielo?

En el cielo ves el Sol.

En el cielo ves la Luna.

Las estrellas están en el cielo.

Las nubes están en el cielo.

Las aves vuelan por el cielo.

Palabras que debes saber

(las) aves

(las) estrellas

(la) Luna

(las) nubes

(el) Sol